WRITING BOOK

ALL in ONE

This book belongs to

A 1 क

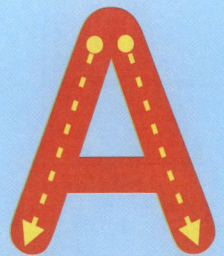

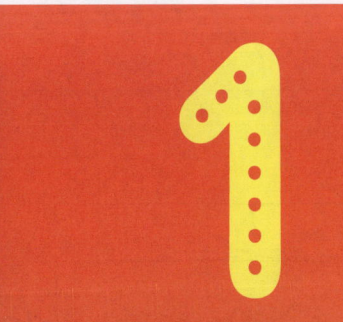

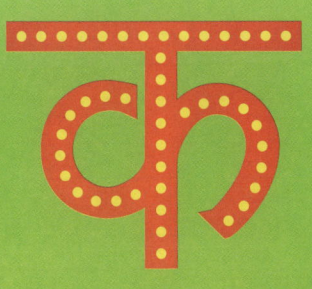

AEROPLANE

BALL

A

A A

A A A

A A

A

B

B B

B B B

B B

B

CAKE

 DOG

C

C C

C C C

C C

C

D

D D

D D D

D D

D

ELEPHANT

FLOWERS

E

E E

E E E

E E

E

F

F F

F F F

F F

F

GRAPES

HORSE

G

H

INKPOT

JUG

I

i i

i i i

i i i

i

J

J J

J J J

J J

J

KANGAROO

LOLLIPOP

K

K K

K K K

K K

K

L

L L L

L L L

L L

L

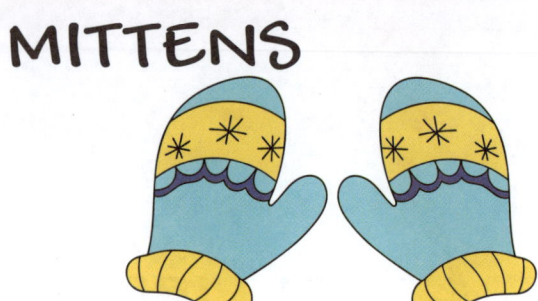

MITTENS

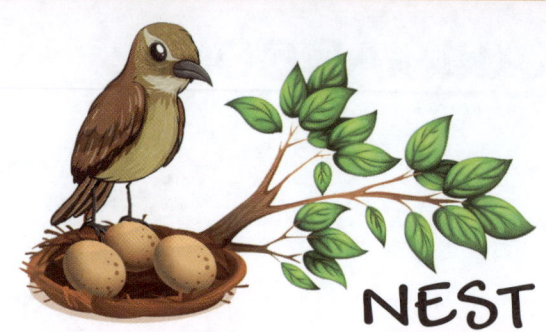

NEST

M

M M

M M M

M M

M

N

N N

N N N

N N

N

ORANGE

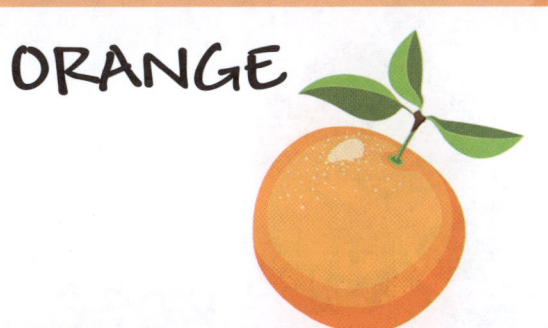

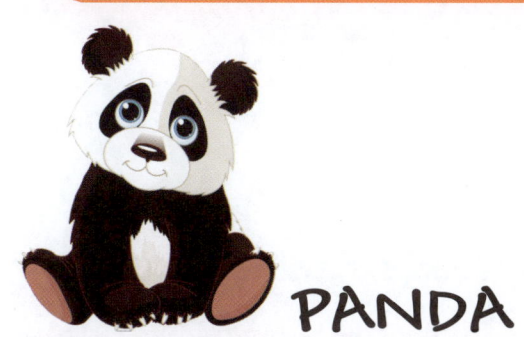

PANDA

O

O O

O O O

O O

O

P

P P

P P P

P P

P

QUEEN

ROSE

Q

R

SHIP

 TIGER

S

T

UMBRELLA

VAN

U

U U U

U U U

U U

U

V

V V

V V V

V V

V

WATERMELON

XMAS TREE

W

w w

w w w w

w w w

w

X

x x

x x x

x x

x

YARN

ZEBRA

Y

Y Y Y

Y Y Y Y

Y Y Y

Y

Z

Z Z

Z Z Z

Z Z

Z

SMALL LETTERS

ant

balloon

clock

ant

balloon

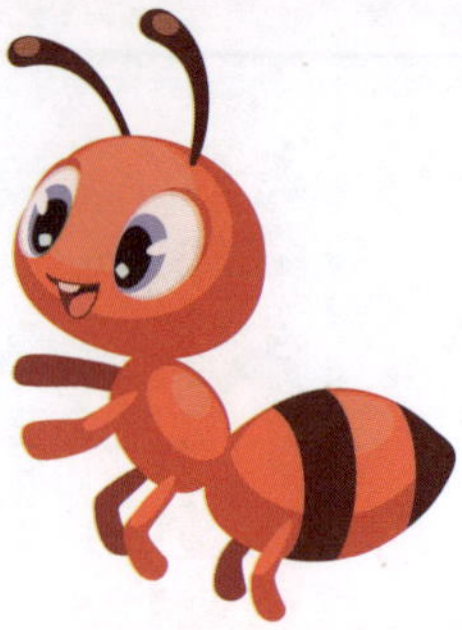

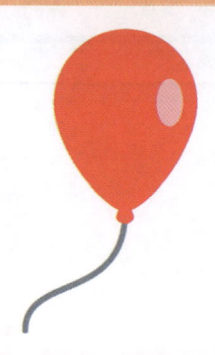

a

a a

a a a

a a

a

b

b b

b b b

b b

b

clock

duck

c

c   c

c   c   c

c   c

c

d

d   d

d   d   d

d   d

d

eye

feather

e

e e

e e e

e e

e

f

f f

f f f

f f

f

gorilla

hut

g

g g

g g g

g g

g

h

h h

h h h

h h

h

ice cream

juice

i

j

kettle

lamp

k

k k

k k k

k k

k

l

l l

l l l

l l

l

mango

nest

m m m

m m m

m m

m

n n n

n n n

n n

n

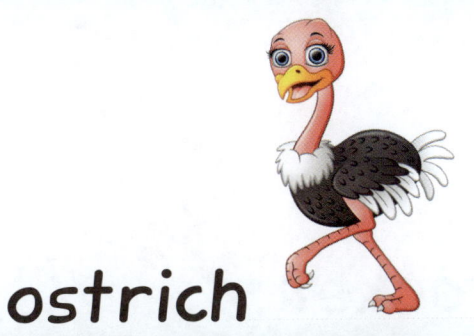

ostrich

paintbrush

o

o o

o o o

o o

o

p

p p

p p p

p p

p

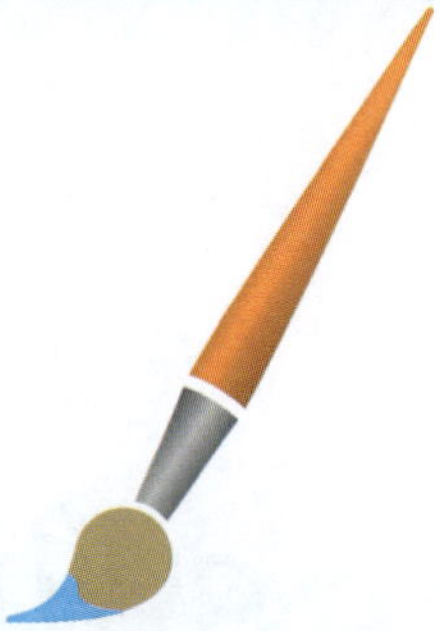

quilt

rocket

q

q q

q q q

q q

q

r

r r

r r r

r r

r

ship

tyre

s

s s

s s s

s s

s

t

t t

t t t

t t

t

unicorn

volcano

u

u u

u u u

u u

u

v

v v

v v v

v v

v

whale

xylophone

W

w w

w w w

w w

w

X

x x

x x x

x x

x

yacht

zoo

y

y y

y y y

y y

y

z

z z

z z z

z z

z

हिन्दी वर्णमाला

अ आ इ ई

भालू

खरगोश

अनार

कमल

अनार

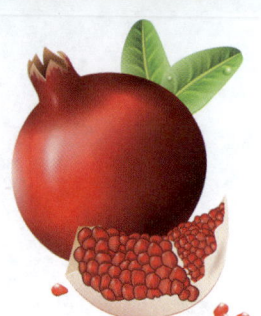

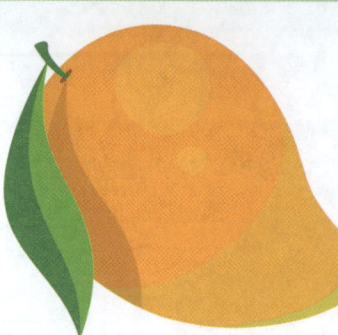

आम

अ

अ अ अ

अ अ अ अ

अ अ अ

अ अ

आ

आ आ आ

आ आ आ आ

आ आ आ

आ आ

इमली

ईख

 इ

इ

 ई

ई

उल्लू

ऊंट

उ

ऊ

ऋषि

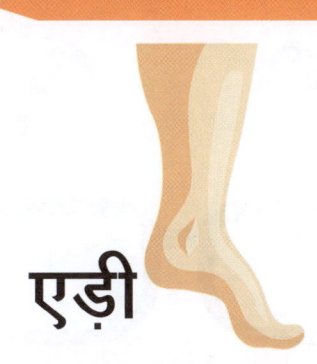

एड़ी

ऋ

ए

33

ऐनक

ओखली

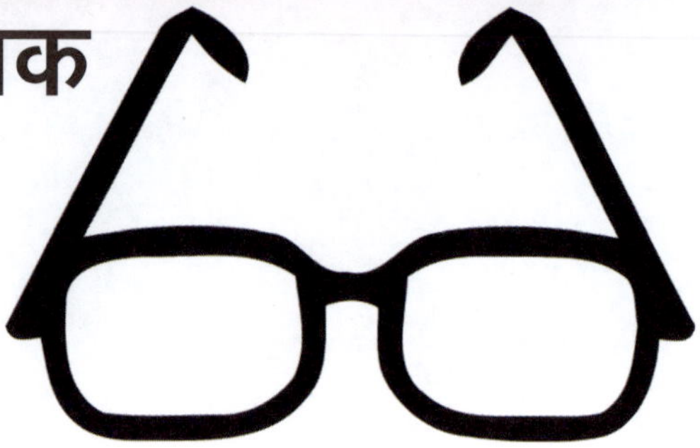

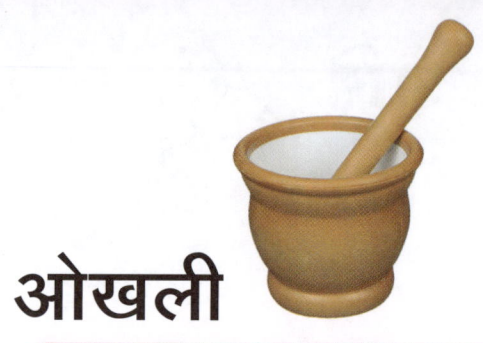

ऐ

ऐ ऐ ऐ

ऐ ऐ ऐ ऐ

ऐ ऐ ऐ

ऐ ऐ

ओ

ओ ओ ओ

ओ ओ ओ ओ

ओ ओ ओ

ओ ओ

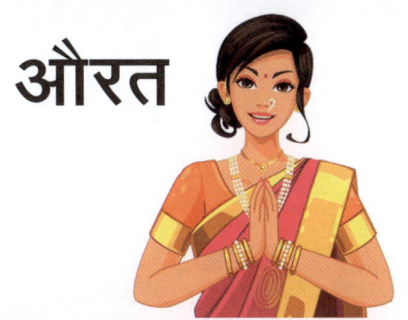

औरत

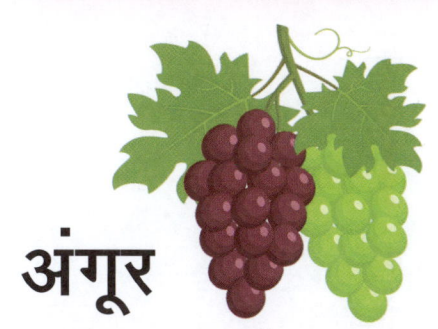

अंगूर

औ

औ औ औ

औ औ औ औ

औ औ औ

औ औ

अं

अं अं अं

अं अं अं अं

अं अं अं

अं अं

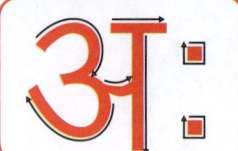

अः

अः अः अः

अः अः अः अः

अः अः अः

अः अः

अभ्यास करें

अ

कमल

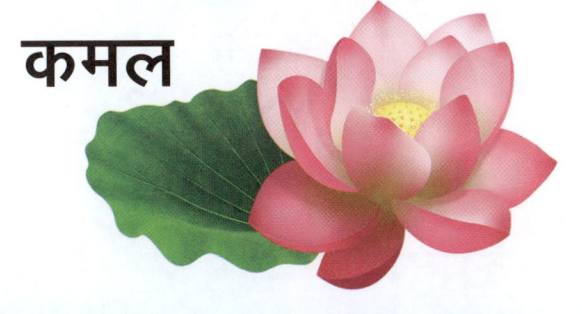

खरगोश

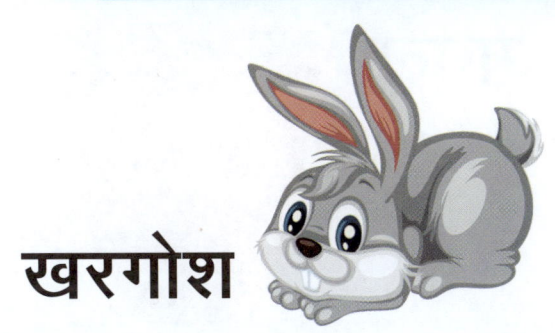

क

क क क

क क क क

क क क

क क

ख

ख ख ख

ख ख ख ख

ख ख ख

ख ख

गमला

घड़ी

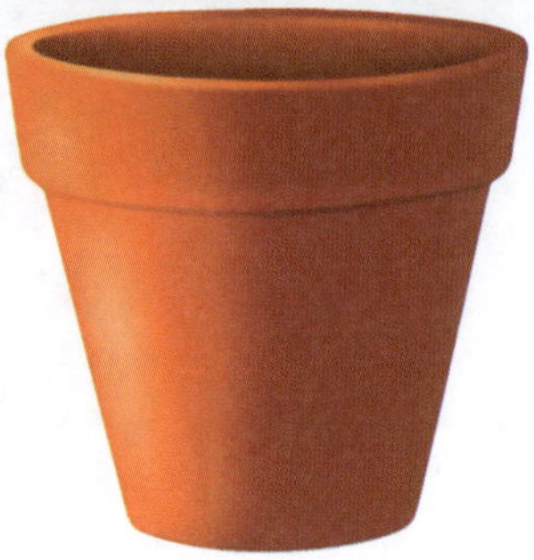

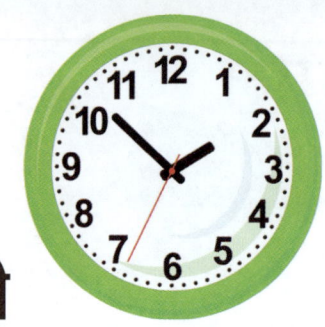

ग

ग ग ग

ग ग ग ग

ग ग ग

ग ग

घ

घ घ घ

घ घ घ घ

घ घ घ

घ घ

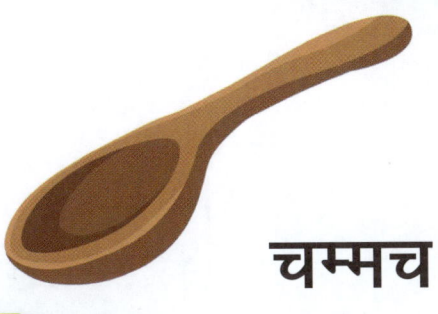

चम्मच

ङ

ङ ङ ङ

ङ ङ ङ ङ

ङ ङ ङ

ङ ङ

च

च च च

च च च च

च च च

च च

छतरी

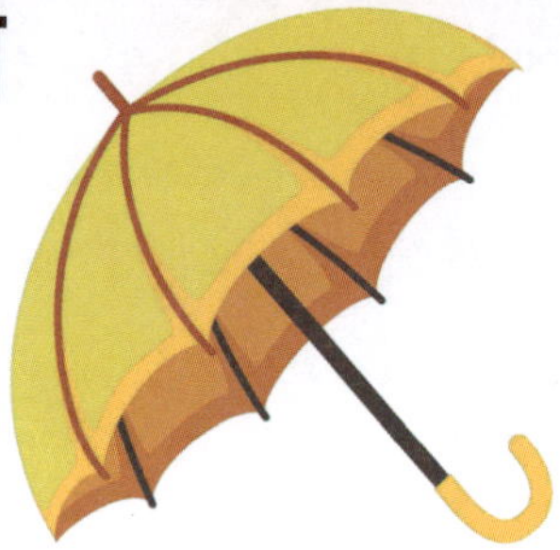

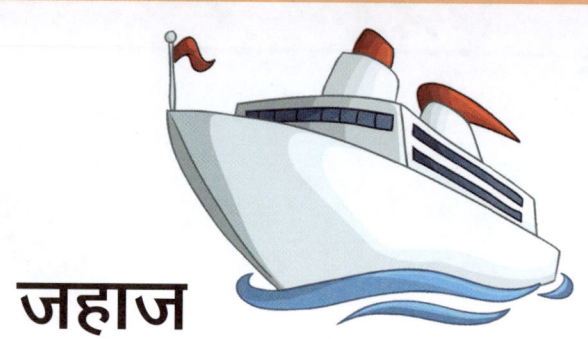

जहाज

छ

छ छ छ

छ छ छ छ

छ छ छ

छ छ

ज

ज ज ज

ज ज ज ज

ज ज ज

ज ज

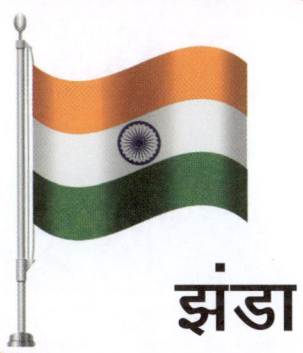

झंडा

झ

ञ

टमाटर

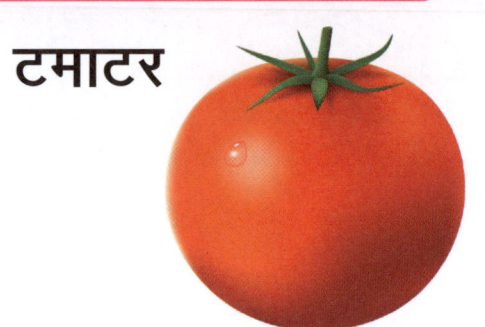

ठठेरा

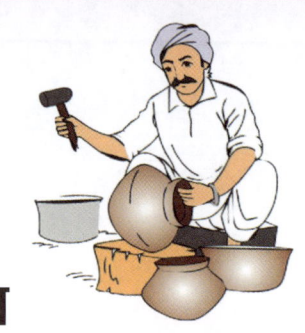

ट

ट ट ट

ट ट ट ट

ट ट ट

ट ट

ठ

ठ ठ ठ

ठ ठ ठ ठ

ठ ठ ठ

ठ ठ

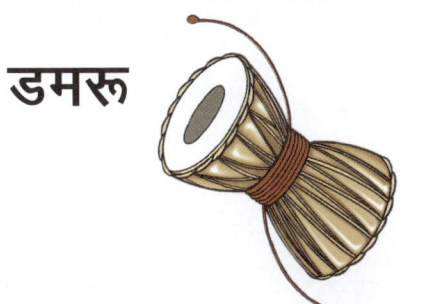

डमरू

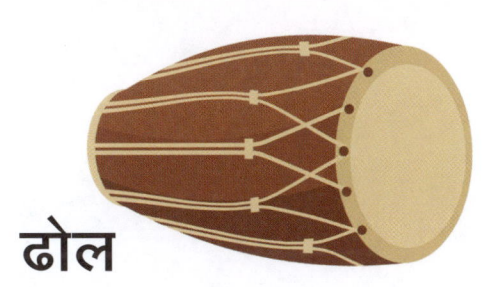

ढोल

ड

ड ड ड

ड ड ड ड

ड ड ड

ड ड

ढ

ढ ढ ढ

ढ ढ ढ ढ

ढ ढ ढ

ढ ढ

तराजू

| ण | ण | ण | ण | | | | | |

| ण | ण | ण | ण | | | | | |

| ण | ण | ण | | | | | | |

| ण | ण | | | | | | | |

| त | त | त | त | | | | | |

| त | त | त | त | | | | | |

| त | त | त | | | | | | |

| त | त | | | | | | | |

थरमस

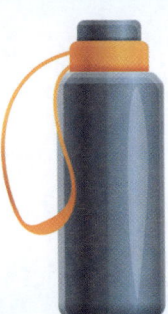

दवात

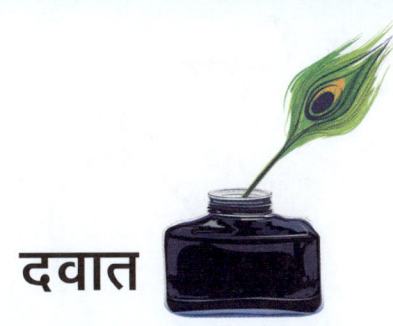

थ

थ	थ	थ					

थ	थ	थ	थ						
थ	थ	थ							
थ	थ								

द

द	द	द					

द	द	द	द						
द	द	द							
द	द								

धनुष

नल

ध

न

पतंग

फल

प

प प प

प प प प

प प प

प प

फ

फ फ फ

फ फ फ फ

फ फ फ

फ फ

बत्तख

भालू

ब

व व व

व व व व

व व व

व व

भ

श श श

श श श श

श श श

श श

मछली

यज्ञ

म

म म म

म म म म

म म म

म म

य

य य य

य य य य

य य य

य य

रथ

लट्टू

र

ल

वन

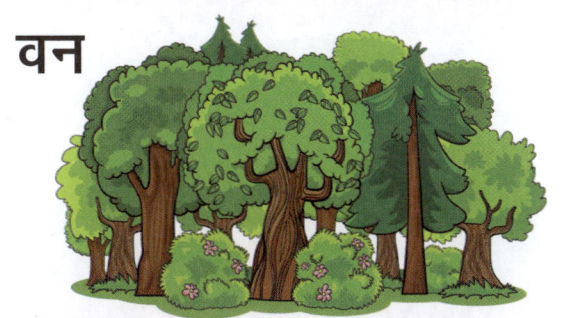

शरीफा

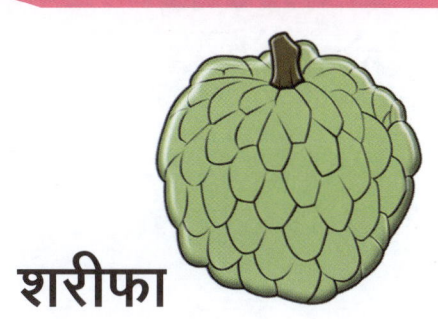

व

व व व

व व व व

व व व

व व

श

श श श

श श श श

श श श

श श

षटकोण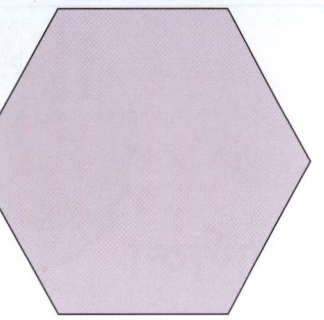

संतरा

ष

स

हतौड़ी

क्षत्रिय

ह

ह ह ह

ह ह ह ह

ह ह ह

ह ह

क्ष

क्ष क्ष क्ष

क्ष क्ष क्ष क्ष

क्ष क्ष क्ष

क्ष क्ष

त्रिशूल

ज्ञानी

त्र

ज्ञ

NUMBERS
1 TO 100

1 One

2 Two

3 Three

One

Two

1

1 1

1 1 1

1 1

1

2

2 2

2 2 2

2 2

2

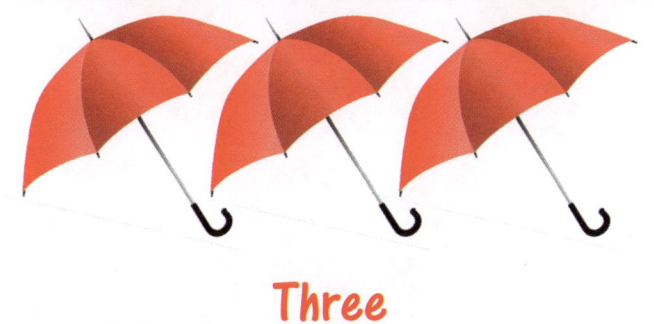

Three

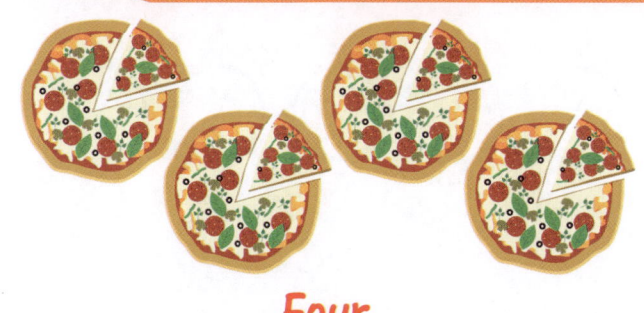

Four

3

		3	3			
3	3	3				
3	3					
3						

4

		4	4			
4	4	4				
4	4					
4						

Five

Six

5

6

Seven

Eight

7

7 7

7 7 7

7 7

7

8

8 8

8 8 8

8 8

8

Nine

Ten

9

9 9

9 9 9

9 9

9

10

10 10

10 10 10

10 10

10

Practice Number 1 to 10

1	1					
2	2					
3	3					
4	4					
5	5					
6	6					
7	7					
8	8					
9	9					
10	10					

Eleven Twelve Thirteen

11

		11	11			
11	11	11				
11	11					

12

		12	12			
12	12	12				
12	12					

13

		13	13			
13	13	13				
13	13					

Fourteen   Fifteen   Sixteen

14

14 14

14 14 14

14 14

15

15 15

15 15 15

15 15

16

16 16

16 16 16

16 16

17

17   17

17   17   17

17   17

18

18   18

18   18   18

18   18

19

19   19

19   19   19

19   19

Twenty Twenty-one Twenty-two

20

		20	20			
20	20	20				
20	20					

21

		21	21			
21	21	21				
21	21					

22

		22	22			
22	22	22				
22	22					

Twenty-three Twenty-four Twenty-five

23

23	23			

23	23	23				
23	23					

24

24	24			

24	24	24				
24	24					

25

25	25			

25	25	25				
25	25					

Twenty-six Twenty-seven Twenty-eight

26

26	26					
26	26	26				
26	26					

27

27	27					
27	27	27				
27	27					

28

28	28					
28	28	28				
28	28					

Twenty-nine Thirty Thirty-one

29

		29	29			
29	29	29				
29	29					

30

		30	30			
30	30	30				
30	30					

31

		31	31			
31	31	31				
31	31					

Thirty-two Thirty-three Thirty-four

32

32	32			

32	32	32				
32	32					

33

33	33			

33	33	33				
33	33					

34

34	34			

34	34	34				
34	34					

Thirty-five Thirty-six Thirty-seven

35

		35	35			
35	35	35				
35	35					

36

		36	36			
36	36	36				
36	36					

37

		37	37			
37	37	37				
37	37					

Thirty-eight Thirty-nine Forty

38

		38	38			
38	38	38				
38	38					

39

		39	39			
39	39	39				
39	39					

40

		40	40			
40	40	40				
40	40					

Forty-one Forty-two Forty-three

41

41 41

41 41 41

41 41

42

42 42

42 42 42

42 42

43

43 43

43 43 43

43 43

Forty-four Forty-five Forty-six

44

		44	44			
44	44	44				
44	44					

45

		45	45			
45	45	45				
45	45					

46

		46	46			
46	46	46				
46	46					

Forty-seven Forty-eight Forty-nine

47

47 47

47 47 47

47 47

48

48 48

48 48 48

48 48

49

49 49

49 49 49

49 49

Fifty Fifty-one Fifty-two

50

50 50

50 50 50

50 50

51

51 51

51 51 51

51 51

52

52 52

52 52 52

52 52

Fifty-three   Fifty-four   Fifty-five

53   53   53

53   53   53

53   53

54   54   54

54   54   54

54   54

55   55   55

55   55   55

55   55

Fifty-six Fifty-seven Fifty-eight

56

56 56

56 56 56

56 56

57

57 57

57 57 57

57 57

58

58 58

58 58 58

58 58

Fifty-nine Sixty Sixty-one

59

	59	59				
59	59	59				
59	59					

60

	60	60				
60	60	60				
60	60					

61

	61	61				
61	61	61				
61	61					

Sixty-two Sixty-three Sixty-four

62

		62	62			
62	62	62				
62	62					

63

		63	63			
63	63	63				
63	63					

64

		64	64			
64	64	64				
64	64					

Sixty-five Sixty-six Sixty-seven

65

65 65

65 65 65

65 65

66

66 66

66 66 66

66 66

67

67 67

67 67 67

67 67

Sixty-eight Sixty-nine Seventy

68

		68	68			
68	68	68				
68	68					

69

		69	69			
69	69	69				
69	69					

70

		70	70			
70	70	70				
70	70					

Seventy-one Seventy-two Seventy-three

71

71	71					
71	71	71				
71	71					

72

72	72					
72	72	72				
72	72					

73

73	73					
73	73	73				
73	73					

Seventy-four Seventy-five Seventy-six

74

		74	74			
74	74	74				
74	74					

75

		75	75			
75	75	75				
75	75					

76

		76	76			
76	76	76				
76	76					

Eighty Eighty-one Eighty-two

80

80 80

80 80 80

80 80

81

81 81

81 81 81

81 81

82

82 82

82 82 82

82 82

Eighty-three Eighty-four Eighty-five

83

83 83

83 83 83

83 83

84

84 84

84 84 84

84 84

85

85 85

85 85 85

85 85

Eighty-six Eighty-seven Eighty-eight

86

		86	86			
86	86	86				
86	86					

87

		87	87			
87	87	87				
87	87					

88

		88	88			
88	88	88				
88	88					

Eighty-nine | Ninety | Ninety-one

89

90

91

Ninety-two Ninety-three Ninety-four

92

92	92			

92	92	92				
92	92					

93

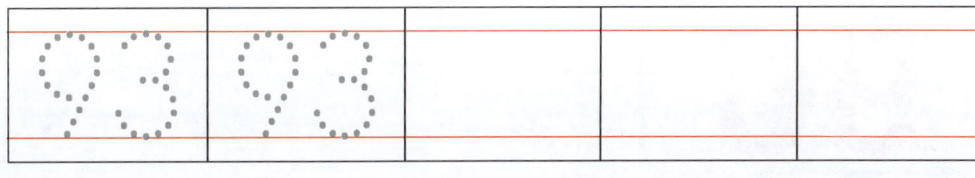

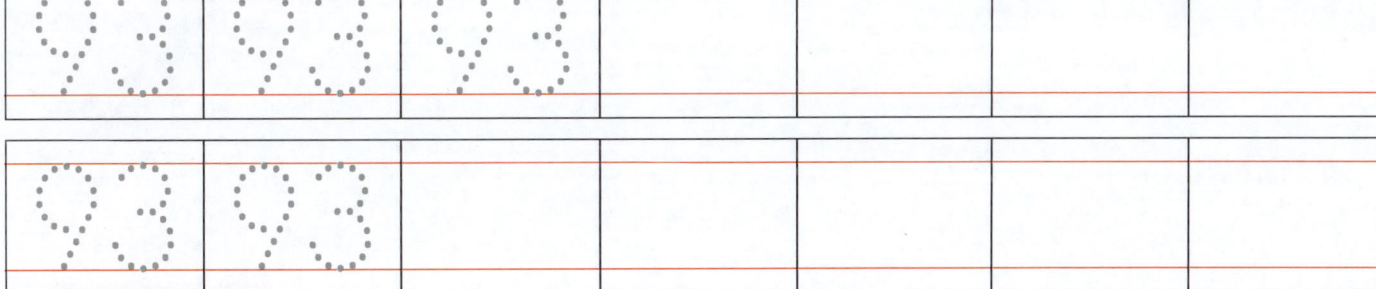

93	93			

93	93	93				
93	93					

94

94	94			

94	94	94				
94	94					

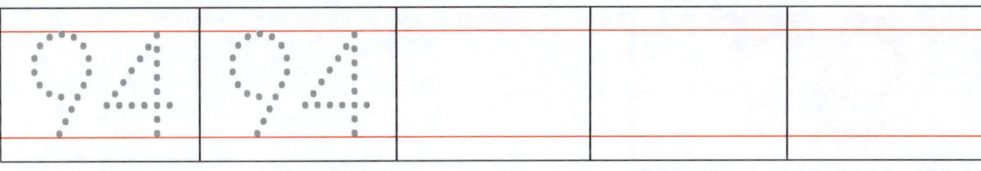

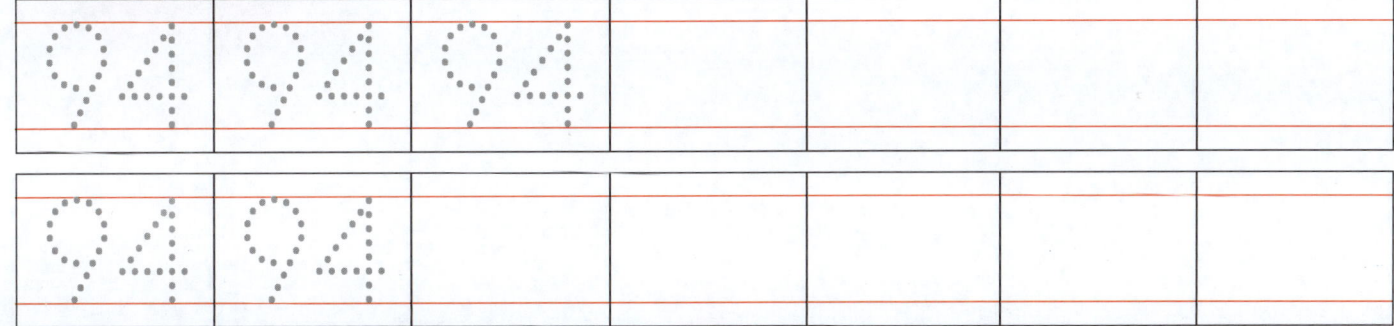

Ninety-five Ninety-six Ninety-seven

95

		95	95			
95	95	95				
95	95					

96

		96	96			
96	96	96				
96	96					

97

		97	97			
97	97	97				
97	97					

98

98 98

98 98 98

98 98

99

99 99

99 99 99

99 99

100

100 100

100 100 100

100 100

Write Numbers 1 to 100

1	2	3	4	5					

		23							

									50

						67			

81									

								99	